Jana Groh

Schreiben im Deutsch-als-Fremdsprache-Unterricht: Lehrwerkanalyse

GRIN Verlag

Bibliografische Information der Deutschen Nationalbibliothek:

Die Deutsche Bibliothek verzeichnet diese Publikation in der Deutschen National-
bibliografie; detaillierte bibliografische Daten sind im Internet über http://dnb.d-
nb.de/ abrufbar.

Impressum:

Copyright © 2003 GRIN Verlag GmbH
Druck und Bindung: Books on Demand GmbH, Norderstedt Germany
ISBN: 978-3-638-92571-6

Dieses Buch bei GRIN:

http://www.grin.com/de/e-book/59507/schreiben-im-deutsch-als-fremdsprache-
unterricht-lehrwerkanalyse

GRIN - Your knowledge has value

Der GRIN Verlag publiziert seit 1998 wissenschaftliche Arbeiten von Studenten, Hochschullehrern und anderen Akademikern als eBook und gedrucktes Buch. Die Verlagswebsite www.grin.com ist die ideale Plattform zur Veröffentlichung von Hausarbeiten, Abschlussarbeiten, wissenschaftlichen Aufsätzen, Dissertationen und Fachbüchern.

Besuchen Sie uns im Internet:

http://www.grin.com/

http://www.facebook.com/grincom

http://www.twitter.com/grin_com

Thema:

Schreiben im Deutsch-als-Fremdsprache-Unterricht: Lehrwerkanalyse

Verschriftlichung des Referats

Eingereicht von:

Jana Groh

Fächerkombination: Germanistik, Anglistik, Deutsch als Fremdsprache

1. Semester

Proseminar Fach- und Wissenschaftssprache für Deutsch als Fremdsprache

Universität Rostock

Philosophische Fakultät

Institut für Germanistik

Rostock, den 18.12.2003

Inhaltsverzeichnis

1. Einleitung 3
2. Stufen International 1 3
    2.1 Schreiben als Mittlertätigkeit 4
    2.2 Schreiben als Zieltätigkeit 4
    2.3 Komponentenübungen zur Vertextung 4
        2.3.1 Analyseübungen 5
        2.3.2 Syntheseübungen 5
    2.4 Steuerung der Textproduktion 6
        2.4.1 Steuerung durch Fragen 6
        2.4.2 Steuerung durch einen Paralleltext 6
        2.4.3 Steuerung durch inhaltliche Strukturierung 7
        2.4.4 Steuerung durch Vorgabe textsortenspezifischer Redemittel 7
        2.4.5 Weitere Steuerungsmöglichkeiten 8
    2.5 Freies Schreiben 8
    2.6 Zusammenfassung 9
3. Elemente 1 plus 9
    3.1 Aufbau und Übungen 9
    3.2 Zusammenfassung 10
4. Mina und Otto 10
5. Fazit 10
6. Anhang 12
7. Literaturverzeichnis 13

1. Einleitung

Im DaF-Unterricht[1] spielen verschiedene Fertigkeiten eine Rolle, wobei sich die meisten Lehrwerke auf die verbale Kommunikation stützen, sodass das Sprechen und Hörverstehen im Vordergrund steht. Jedoch ist auch das Erlangen der Schreibfertigkeit sehr wichtig, da dabei verschiedene kognitive Prozesse stattfinden, wie z.b. das Nachdenken über den Inhalt oder das Achten auf die sprachliche Korrektheit des Geschriebenen.[2]

Im folgenden werde ich verschiedene Übungsformen für das Schreiben im DaF-Unterricht vorstellen, wobei ich mich dabei an die Einteilung von Günter Storch, die er in dem Buch „Deutsch als Fremdsprache: eine Didaktik, theoretische Grundlagen und praktische Unterrichtsgestaltung" vorstellt, halte. Parallel dazu werden konkrete Übungen vorgestellt, die man in den Lehrbüchern für den DaF-Unterricht findet.

2. Stufen International 1

Das Lehrbuch „Stufen International 1" ist 1999 im Ernst Klett Verlag erschienen und richtet sich sowohl an jugendliche als auch an erwachsene Anfänger.

Das Lehrwerk besteht aus zehn Lektionen sowie einem Anhang mit Lösungsschlüssel, wobei alle Lektionen gleich aufgebaut sind, nämlich in Lektion/Themen, Situationen/Texte/Redemittel, Phonetik, Grammatik und Infotext/Aktivitäten.

In jeder Lektion findet man verschiedene Übungen, die nicht direkt zu dem Schreiben im DaF-Unterricht zählen, in denen die Lerner aber auch ihre Schreibfertigkeiten anwenden müssen: Zu Beginn jeder Lektion gibt es Zuordnungen, wobei man Wörter entweder Bildern, Wörtern oder kurzen Texten zuordnen soll. Eine solche Übung ist z.B., dass die Lerner vorgegebenen Ländernamen die entsprechenden Sprachen zuordnen sollen.[3] Weiterhin gibt es Übungen zum Hörverstehen, d.h. die Lerner hören einen Text oder einen Dialog und machen dann Notizen oder ergänzen Tabellen. Ein Beispiel für letzteres ist, dass die Lerner eine Text hören und dann die gehörten Pro- und Kontraargumente in eine Tabelle tragen sollen.[4] Weiterhin findet man in diesem Lehrwerk Grammatikübungen sowie einfache Lückentexte, in die vorgegebene Begriffe eingesetzt werden sollen.[5]

Im Gegensatz zu diesen eben genannten gibt es aber auch Übungen, die man zum Schreiben im DaF-Unterricht direkt zuordnen kann.

2.1 Schreiben als Mittlertätigkeit

Wie es der Begriff schon ausdrückt, bedeutet das Schreiben als Mittlertätigkeit, dass das Schreiben als Instrument dient, um ein bestimmtes Ziel zu erreichen.

Hierzu gehören alle übenden Schreibaktivitäten, wie zum Beispiel schriftliche Lückentexte, Umformübungen, Diktate oder das Skizzieren eines Dialogverlaufs zur Vorbereitung eines Rollenspiels.

2.2 Schreiben als Zieltätigkeit

Der Gegensatz des Schreibens als Mittlertätigkeit ist das Schreiben als Zieltätigkeit. Hierbei werden Texte in der geschriebenen Sprache produziert, unterschieden werden muss jedoch zwischen realen und realisierten Schreibanlässen.

Zu den realen Schreibanlässen gehören authentische Schreibaufgaben, d.h. der Lerner schreibt etwas Persönliches, zum Beispiel einen Brief oder eine Stellungnahme zu einem Thema. Solche Aufgaben gehören auch zu denen des freien Schreibens.

Daneben gibt es die simulierten Schreibanlässe, zu denen simulierte kommunikative Schreibaufgaben gehören. Diese Übungen haben eine bestimmte kommunikative Situierung, was bedeutet, dass sie sich an einen Adressaten richten, dass der erstellte Text sich einer bestimmten Textsorte zuordnen lässt und dass es einen bestimmten simulierten Schreibanlass gibt. Konkrete Übungsbeispiele hierzu sind ein klasseninterner Leserbrief, dessen Absicht eine Stellungsnahme ist, sowie ein Einkaufszettel für ein Rollenspiel.

2.3 Komponentenübungen zur Vertextung

Bei Komponentenübungen geht es darum, die Teilprozesse des Schreibens, also die drei Schritte Planen, Formulieren und Überarbeiten eines Textes zu analysieren, zu erklären und zu üben.

Im Allgemeinen werden bestimmte Textphänomene oft an Einzelsätzen geübt, daher setzt man gezielt Übungsformen ein, die die Unterschiede zwischen einem Satz und einem Text zeigen und die Vertextung üben, wobei Analyse- und Syntheseübungen unterschieden werden.

2.3.1 Analyseübungen

Dieser Übungstyp hat verschiedene Ziele. Zum einen sollen die Lerner Einsichten in die Textstrukturen gewinnen, zum anderen sollen sie erkennen, aus welchen Elementen ein Text besteht und welche Eigenschaften er hat. Außerdem werden durch Analyseübungen die Unterschiede zwischen Einzelsätzen und einem Text verdeutlicht.

Die Lösungen werden im Allgemeinen in Tabellen dargestellt, wodurch dem Lerner auch für spätere Anwendungen gute Übersichten zur Verfügung stehen.

Es gibt verschiedene Übungsarten, zum Beispiel Aufgaben, bei denen Bezüge innerhalb eines Themas thematisiert werden, indem die Lerner zum Beispiel Relativpronomen und die Wörter, auf die sie sich beziehen, in einem Text suchen.

Daneben gibt es Übungen, in denen die Lerner Einzelsätze mit einem zusammenhängenden Text vergleichen sollen. Indem sie die Unterschiede erkennen, werden sie für bestimmte Textphänomene, wie zum Beispiel für Konnektoren, sensibilisiert und erkennen die Funktion dieser Elemente, aus denen ein Text besteht.

Um die Förderung der Schreibfähigkeit zu unterstützen, werden oft Konnektorenschemen in den Lehrwerken vorgegeben. Wenn die Lerner sich diese Kästchen ansehen, sehen sie zum Beispiel sofort, in welcher Reihenfolge verschiedene Satzglieder angeordnet werden, außerdem können sie diese Schemen bei anderen Aufgaben zur Hilfe nehmen.

Schließlich gibt es noch Analyseübungen zur semantischen Ersetzung. Das bedeutet, dass ein Wort, zum Beispiel ein Nomen, durch ein anderes, in diesem Fall durch ein Pronomen, ersetzt wird und dass solche Beispiele aus einem Text herausgeschrieben werden sollen. Solche Übungen findet man auch in „Stufen International 1", wo z.B. Fragewörter und definite Artikel durch Personalpronomen ersetzt werden sollen. Jedoch werden jeweils nur Einzelsätze behandelt und die Übung wird erst zu einer Analyseübung, wenn die Lerner die Ergebnisse klar herausstellen und in Tabellen übersichtlich anordnen, ansonsten entsprechen diese Aufgaben eher Syntheseübungen.[6]

2.3.2 Syntheseübungen

Das Ziel der Syntheseübungen ist es, einzelne Textphänomene in bestimmten Vertextungsübungen für die aktive, regelmäßige Verwendung beim Schreiben von Texten zu üben.

Auch hier gibt es verschiedene Übungsformen. Wie bereits erwähnt gibt es Syntheseübungen zur semantischen Ersetzung, d.h. die Wörter werden direkt in einen Text, im Allgemeinen in einen Lückentext, eingesetzt, so wie es auf Seite 85 ist[7], jedoch sollten sich Syntheseübungen eigentlich auf einen Text und nicht auf Einzelsätze beziehen.

Daneben gibt es Texte mit „grammatischen Lücken", in denen Konnektoren oder verweisende Elemente ergänzt werden sollen, wie zum Beispiel auf Seite 58, wo immer „und" eingesetzt werden soll.

Schließlich gibt es verschiedene Umformübungen, in denen die Lernenden aus kurzen Einzelsätzen komplexere Sätze bilden sollen. Auch dies wird in dem Lehrwerk geübt. Dort werden z.b. jeweils zwei Einzelsätze vorgegeben, die mit Hilfe des Brückenwortes „und" zu einer Satzverbindung umgeschrieben werden sollen.[8]

2.4 Steuerung der Textproduktion

Eine andere Möglichkeit für die Didaktisierung des Schreiben im DaF-Unterrichts als die Komponentenübungen zur Vertextung ist die Steuerung der Textproduktion. Dies bedeutet, dass die Herstellung von Texten durch bestimmte methodische Techniken beeinflusst wird. Dabei gibt es eine steuernde Vorgabe, welche die Funktion hat, den Lernenden den Schreibprozess zu erleichtern und so ihr zielsprachliches Potenzial zu aktivieren.

2.4.1 Steuerung durch Fragen

Hier werden Fragen vorgegeben, die schriftlich beantwortet werden sollen.
Auf der Seite 149 findet man kurze Fragen zum Inhalt des vorher zu lesenden Gedichts, die die Lernenden nun genau schriftlich beantworten sollen.[9]

2.4.2 Steuerung durch einen Paralleltext

Die Lernenden sollen sich hierbei an einem Beispieltext orientieren und nach dieser Vorlage ihren eigenen Text strukturieren.
Dabei unterscheidet man eine starke und eine weniger starke Steuerung. Bei der ersten hat ein Modelltext Lücken, die lediglich inhaltlichneu ausgefüllt werden müssen, d.h. die Lernenden müssen nur einzelne Worte einsetzen, um ihren Text zu erstellen.

Die weniger starke Steuerung findet man in freieren Schreibaufgaben, wo die Lernenden sich nur allgemein an dem vorgegebenen Modelltext orientieren, aber ihren Text inhaltlich viel mehr verändern.

Übungen, die durch einen Paralleltext gesteuert werden, finden sich mehrfach in „Stufen International 1". Einmal sollen die Lernenden z.b. einen Text über ihr Heimatland schreiben, wobei ein Informationstext zum Thema Wirtschaft vorgegeben ist[10], in einer anderen Übung werden sie aufgefordert, einen Text über das Schulsystem ihres Heimatlandes zu schreiben, wobei als Modelltext eine Beschreibung des deutschen Schulsystems dient.[11]

2.4.3 Steuerung durch inhaltliche Strukturierung

Bei dieser Steuerung wird entweder von dem Lehrer oder in dem Lehrwerk ein Textschema vorgegeben, dass die inhaltliche Struktur des anzufertigenden Textes bewusst macht. Nachdem dieser Modelltext erarbeitet wurde, schreiben die Lerner einen parallel strukturierten Text.

Bei dieser Steuerung durch die inhaltlichen Vorgaben wird die Aufmerksamkeit der Lerner auf all die Bereiche gelenkt, zu denen sich die Lernenden bereits äußern können, d.h. sie können ihre bisher erworbenen Fertigkeiten anwenden und eventuelle Lernlücken erkennen.

So ist es bereits zu Beginn des DaF-Unterrichtes möglich, die Lernenden Übungen mit dieser Steuerung lösen zu lassen. Der Lehrer kann zum Beispiel vorgeben, dass die Lernenden ein Interview mit einem Partner führen sollen, wobei er bestimmte Punkte in einer bestimmten Reihenfolge vorgibt, wie Name, Alter, Heimatland, etc. Mit Hilfe der Antworten schreiben die Lernenden anschließend kurze Sätze, also insgesamt einen Text.

2.4.4 Steuerung durch Vorgabe textsortenspezifischer Redemittel

Das Ziel ist es, die Lernenden an den Umgang mit schwierigen, sprachlichen Formulierungen zu gewöhnen. Dabei werden ein paar strukturierte Vorgaben angegeben, die sowohl die inhaltliche Textstruktur als auch die Vertextung und die Verwendung der textsortenspezifischen Redemittel steuern.

Zum Beispiel werden statistische Angaben schriftlich dargestellt und die Lernenden schreiben nach dieser Vorgabe einen Text.[12]

Positiv ist, dass bei dieser Steuerung bestimmte fachsprachliche Begriffe dem Lerner nahegebracht werden und dass er bei solchen Übungen gezwungen wird, diese bestimmten Formulierungen anzuwenden, jedoch kann man derartige Aufgaben erst im Unterricht mit fortgeschrittenen Lernern einsetzen.

2.4.5 Weitere Steuerungsmöglichkeiten

Zum einen kann man Texte durch Bilder steuern, d.h. es werden Bilder vorgegeben und die Lerner sollen dann eine Geschichte schreiben. Auf der Seite 112 sieht der Lerner drei Bilder zum Thema Schwarzfahren. Diese soll er beschreiben und in einen Zusammenhang setzen, also einen Text bzw. in diesem Fall eine Geschichte schreiben.[13]

Auf derselben Seite ist auch die Steuerungsmöglichkeit durch die Vorgabe von Wörtern zu finden, was bedeutet, dass der Lerner aus wenigen Wörtern oder Wortgruppen einen Text schreiben soll, bei diesem Beispiel muss er hauptsächlich Verben und Verbindungswörter einsetzen, um Sätze zu bilden, die in einem Zusammenhang stehen.[14]

Außerdem gibt es als Steuerungsmöglichkeiten die Textzusammenfassung, die sowohl anhand formulierter Fragen als auch anhand eines Rasters gesteuert wird, den Textsortenwechsel, d.h. ein vorgegebener Text wird in eine andere Textsorte transformiert, z.B. ein Dialog in eine Kurzgeschichte, wobei sich der Textsortenwechsel besonders bei Anfängern gut zum Einüben neuen Lernstoffs anbietet. Schließlich gibt es den Perspektivenwechsel, bei dem ein bestimmtes Ereignis aus der Sicht verschiedener Personen dargestellt wird.

2.5 Freies Schreiben

Hierbei können die Lerner ihre eigenen Ideen und Meinungen äußern, sie können ihrer Phantasie und Kreativität freien Lauf lassen.

Auf der Seite 50 sollen die Lerner zum Beispiel einen Text über ihre Person schreiben.[15]

Was in „Stufen International 1" mehrmals vorkommt ist die Übung, einen Brief zu schreiben, wobei diese Textproduktion durch Vorgaben gesteuert wird, z.B. durch die inhaltliche Strukturierung[16] oder durch einen Paralleltext[17].

Auf der Seite 149 soll der Lerner ein Gedicht schreiben, wobei auch hier das Schreiben durch einen Modelltext, hier durch das Gedicht „Ich zum Beispiel" gesteuert wird.[18]

2.6 Zusammenfassung

In diesem Lehrwerk gibt es viele verschiedene Übungsformen, die das Schreiben im DaF-Unterricht fördern sollen, wobei positiv ist, dass die Lerner zumindest an das Schreiben kleiner Texte gewöhnt werden. Jedoch sind die konkreten Aufgaben in den meisten Fällen sehr einfach und verlangen keine komplexen Lösungen, so dass eine tatsächliche Übung der Schreibfertigkeit nicht stattfinden kann.

Zudem behandelt man in diesem Buch kaum Texte, sondern fast ausschließlich Einzelsätze, so dass keine komplexen und komplizierteren Strukturen erkannt werden müssen. Es hängt also vom Lehrer ab, inwiefern er das Schreiben mit zusätzlichen Übungen unterstützt.

3. Elemente 1 plus

3.1 Aufbau und Übungen

Dieses 1997 im Cornelsen-Verlag erschienene Lehrwerk ist ein Trainingsbuch zur Vorbereitung auf das Zertifikat Deutsch als Fremdsprache.

Das Buch gliedert sich in zehn Lektionen und einen Anhang, in dem unregelmäßige Verben aufgeführt sind.

Alle Lektionen sind gleich aufgebaut. Zunächst gibt es einen „Denkanstoß", der zum Thema hinführt.

Dann folgt der „Kontext", wo es als schriftliche Übungen Lückentexte und kurze Fragen zum Beantworten gibt[19], wobei es jedoch wie auch bei fast allen anderen Übungen in diesem Lehrwerk vom Lehrer abhängt, ob die Aufgaben mündlich oder schriftlich gelöst werden sollen.

Anschließend gibt es einen „Text" und zum Teil eine „Diskussion", wobei es hier im Allgemeinen kreative, also freie Aufgaben, wie z.B. das Erstellen einer Wandzeitung[20], sowie auch wieder Lückentexte[21] gibt.

Lückentexte finden sich auch in den Lektionsteilen „Dialog"[22], und „Grammatik"[23], wobei bei letzterem manchmal auch kurze freie Texte geschrieben werden sollen, wie z.B. auf der Seite 25, wo der Lerner einen Text zum Thema Essen schreiben soll[24].

Darauf folgt der „Wortschatz", wo z.B. kurze Sätze oder Texte mit den gerade erworbenen Vokabeln geschrieben werden sollen.[25]

Im letzten Lektionsteil, bei den „Aufgaben" gibt es Vertextungsübungen, die durch Fragen gesteuert werden, die sich zum Beispiel auf einen Text beziehen[26], und wiederum Lückentexte[27].

3.2 Zusammenfassung

Insgesamt jedoch sind alle Übungen dieses Lehrwerks sehr einfach, da in den meisten Fällen nur einzelne Vokabeln als Lösung dienen, so dass die Lerner ihre schriftlichen Fertigkeiten in der deutschen Sprache nicht ausreichend trainieren können. Das Buch ist eher auf das mündliche Kommunizieren ausgerichtet und es hängt immer vom Lehrer ab, inwiefern einige Aufgaben vielleicht doch schriftlich gelöst werden sollen.

4. Mina und Otto

Dieses für Kinder gedachte Lehrwerk ist 1998 im Verlag Klett Edition Deutsch erschienen und orientiert sich an der Praxis, da es im Unterricht mit griechischen Schülern der Primärstufe erarbeitet und getestet wurde.

Im Grunde geht es hier um die Alphabetisierung, so dass noch keine der oben genannten Schreibübungen zu finden sind. Jedoch gibt es viele Aufgaben, bei denen gleiche Buchstaben oder Wörter erkannt werden und markiert werden sollen, so dass sich das Lehrwerk auch mit der schriftlichen Kommunikation beschäftigt, jedoch deshalb in keinem hohen Maße, weil die Grundschüler noch nicht die Schreibfertigkeit erlernt haben.

5. Fazit

In den Lehrwerken wird insgesamt mehr Wert auf die mündliche als auf die schriftliche Kommunikation gelegt. Dies erkennt man vor allem in „Elemente 1 plus", wo nur sehr wenige Übungen zu finden sind, die die Aufgabenstellung „Schreiben" ausdrücklich nennen.

Doch auch das Lehrbuch „Stufen International 1" ist stark auf das Mündliche gerichtet, dennoch gibt es hier eine Vielzahl verschiedener Übungstypen, so dass die Lerner immer wieder Abwechslung haben.

Insgesamt jedoch sind die Übungen in beiden Büchern sehr einfach und fordern den Lerner kaum, da oft einzelne Wörter als Lösung ausreichen und sich die meisten Übungen nur auf Einzelsätze, nicht aber auf Texte beziehen, so dass komplexe Aufgaben fast ganz und gar fehlen.

Daher liegt es immer am Lehrer, wie viel Wert er auf die schriftlichen Fertigkeiten der Lerner im DaF-Unterricht legt, da er zusätzliche Übungen in den Stunden anbieten sollte, um das Schreiben in der deutschen Sprache mehr zu trainieren.

6. Anhang

1   DaF: Deutsch als Fremdsprache

2   Storch: Deutsch als Fremdsprache. S. 248

3   Vorderwülbecke/Vorderwülbecke: Stufen International 1. S. 30

4   ebenda. S. 145

5   ebenda. S. 23

6   ebenda. S. 85

7   ebenda. S. 85

8   ebenda. S. 58

9   ebenda. S. 149

10   ebenda. S. 122

11   ebenda. S. 157

12   Storch: Deutsch als Fremdsprache. S. 267

13   Vorderwülbecke/Vorderwülbecke: Stufen International 1. S. 112

14   ebenda. S. 112

15   ebenda. S. 50

16   ebenda. S. 79

17   ebenda. S. 82

18   ebenda. S. 149

19   Hunfeld/Piepho: Elemente 1 plus. S. 43

20   ebenda. S.6

21   ebenda. S. 75

22   ebenda. S. 22

23   ebenda. S. 24

24   ebenda. S. 25

25   ebenda. S. 29

26   ebenda. S. 31

27   ebenda. S. 31

7. Literaturverzeichnis

Douvitsas, Jutta/Xanthos, Sigrid: Mina und Otto. Ein Lese- und Schreiblehrgang ijn Deutsch als Fremdsprache / Deutsch als Zweitsprache für Kinder. München. 1998. Verlag Klett Edition Deutsch.

Häussermann, Ulrich/Piepho, Hans-Eberhard: Aufgabenhandbuch Deutsch als Fremdsprache. Abriß einer Aufgaben- und Übungstypologie. München. 1996. S. 320-398.

Hunfeld, Hans/Piepho, Hans-Eberhard: Elemente 1 plus. Cornelsen. Köln. 1997.

Storch, Günter: Deutsch als Fremdsprache: eine Didaktik, theoretische Grundlagen und praktische Unterrichtsgestaltung. München. 1999. S. 248-270.

Vorderwülbecke, Anne/Vorderwülbecke, Klaus: Stufen International 1. Ernst Klett Verlag. Stuttgart. 1999.